BEI GRIN MACHT SICH IHR
WISSEN BEZAHLT

- Wir veröffentlichen Ihre Hausarbeit,
  Bachelor- und Masterarbeit

- Ihr eigenes eBook und Buch -
  weltweit in allen wichtigen Shops

- Verdienen Sie an jedem Verkauf

**Jetzt bei www.GRIN.com hochladen
und kostenlos publizieren**

Trainingsplanung für ein Krafttraining mit 12-monatiger Erfahrung

Pauline Küsel

GRIN ☺

Bibliografische Information der Deutschen Nationalbibliothek:

Die Deutsche Nationalbibliothek verzeichnet diese Publikation in der Deutschen Nationalbibliografie; detaillierte bibliografische Daten sind im Internet über http://dnb.d-nb.de abrufbar.

ISBN: 9783346961563
Dieses Buch ist auch als E-Book erhältlich.

© GRIN Publishing GmbH
Trappentreustraße 1
80339 München

Druck und Bindung: Books on Demand GmbH, Norderstedt Germany
Gedruckt auf säurefreiem Papier aus verantwortungsvollen Quellen

Das vorliegende Werk wurde sorgfältig erarbeitet. Dennoch übernehmen Autoren und Verlag für die Richtigkeit von Angaben, Hinweisen, Links und Ratschlägen sowie eventuelle Druckfehler keine Haftung.

Das Buch bei GRIN: https://www.grin.com/document/1413865

Inhaltsverzeichnis

1 Diagnose

1.1 Allgemeine und biometrische Daten

Die folgende Tabelle enthält allgemeine und biometrische Daten zu der Person A, die in einem Eingangsgespräch erfasst wurden. Es handelt sich dabei um eine real existierende Person, deren Name geändert wurde.

Tabelle 1: Allgemeine und biometrische Daten

	Daten
Name	Person A
Alter	22
Geschlecht	Männlich
Körpergröße	180 cm
Körpergewicht	80 kg
Körperfettanteil in %	18,47%
BMI	24,7 kg/m²
Trainingsmotive	Kraftsteigerung, Muskelaufbau
Berufliche Tätigkeit	Student, auch als Werkstudent tätig, überwiegend sitzende Tätigkeit
Aktuelle sportliche Aktivitäten	2x pro Woche Krafttraining je 90 Minuten, seit 12 Monaten
Frühere sportliche Aktivitäten	2 bis 3x pro Woche Handball, je 90-120 Minuten
Zeitlicher Verfügungsrahmen	2 bis 3x pro Woche, je 90 Minuten
Blutdruck	126/84 mmHg
Orthopädische/internistische Probleme	Gelegentlich Rückenschmerzen im Bereich der Lendenwirbelsäule nach langem Stehen oder Sitzen, Skala 7/10, nicht diagnostiziert
Ärztliche Behandlungen	Keine
Einnahme von Medikamenten	Keine
Sonstige gesundheitliche Einschränkungen	Keine

1.1.1 Bewertung allgemeiner und biometrischer Daten

Nach der Ermittlung der personenbezogenen Daten der Person A lässt sich folgendes über die Belastbarkeit und Trainierbarkeit der Person schließen.

Laut WHO (2000) liegt der BMI mit 24,7 kg/m² im Bereich des Normalgewichts (vgl. Tabelle 2). Eine Zunahme der Muskelmasse ist aus ästhetischen Gründen erwünscht und unbedenklich. Man kann davon ausgehen, dass sich Person A durch die frühere sportliche

Aktivität im Handball und zwölfmonatige Erfahrung im Bereich des Krafttrainings an ein hohes sportliches Niveau und erhebliches Trainingspensum gewöhnt hat. Derzeit plant sich die Person für das Krafttraining zweimal pro Woche je 90 Minuten ein. Stellt jedoch aus eigenen Angaben fest, dass Zeit für eine weitere Trainingseinheit in der Woche zur Verfügung steht. Die Testperson selbst sieht Potenzial in einer Steigerung der Trainingsintensität und möchte sich daher an höhere Gewichte herantasten. Aufgrund der bereits gesammelten Erfahrungen im Krafttraining ist Person A als fortgeschritten einzustufen.

Tabelle 2: BMI Klassifikationen (modifiziert nach World Health Organization, 2000, S. 9)

Klassifikationen	BMI
Untergewicht	< 18,5
Normalgewicht	18,5 – 24,9
Präadipositas	25 – 29,9
Adipositas Stufe 1	30 – 34,5
Adipositas Stufe 2	35 – 39,9
Adipositas Stufe 3	> 40

Sowohl als Student, als auch als Werkstudent sitzt die Testperson überwiegend am Schreibtisch und arbeitet am Computer, weshalb relativ wenig Bewegung am Arbeitsplatz herrscht. Daher ist eine Stärkung der Muskulatur für eine verbesserte und aufrechte Haltung von Vorteil. Außerdem dient das Krafttraining gleichzeitig für einen Ausgleich zum Arbeitsalltag.

Tabelle 3: Blutdruckklassifikationen der American Heart Association (modifiziert nach Mancia et al., 2013, S. 2165)

Bewertungsstufen	Systolischer Blutdruck	Diastolischer Blutdruck
Normotonie		
Optimal	Unter 120mmHg	Unter 80mmHg
Normal	Unter 130mmHg	Unter 85mmHg
Hochnormal	130 – 139mmHg	85 – 89mmHg
Arterielle Hypertonie		
Stufe 1	140 – 159mmHg	90 – 99mmHg
Stufe 2	160 – 179mmHg	100 – 109mmHg
Stufe 3	> 180mmHg	> 110mmHg

Beim Eingangsgespräch ergab sich bei einer Blutdruckmessung ein systolischer Blutdruck von 126 mmHg und ein diastolischer Blutdruck von 84 mmHg. Der systolische sowie der diastolische Blutdruck liegen somit im Normalbereich (vgl. Tabelle 3). Optimal wäre nach der American Heart Association ein Blutdruck von unter 120mmHg systolisch zu unter 80mmHg diastolisch. Weitere Anpassung des Herz-Kreislauf-Systems an das Krafttraining können zu einer Senkung des Blutdrucks führen.

Die Testperson ist weder in ärztlicher Behandlung noch werden Medikamente eingenommen, welche Einfluss auf die Belastbarkeit und Trainierbarkeit haben könnten. Die gelegentlichen Schmerzen, nach langem Stehen oder Sitzen im Bereich der Lendenwirbelsäule haben bisher keine Probleme während und nach dem Training gezeigt. Jedoch sollte weiterhin beobachtet werden, wie diese mit der Zeit auf neue Reize in den Trainingseinheiten reagieren und ob sie sich verstärken oder verringern.

1.2 Krafttestung

Mit Person A wird nun eine Krafttestung durchgeführt, um die derzeitige Kraftleistung und Belastbarkeit für die späteren Trainingsintensitäten zu bestimmen.

Marschall & Fröhlich (1999b, S.311) empfehlen, zur Bestimmung nicht die Maximalkraft, sondern einen Mehrwiederholungskrafttest zu wählen. Dieser wird auch X-RM-Test (engl. „X-repetition maximum") genannt. Dabei wird das maximal bewältigbare Gewicht mit einer vorher definierten Wiederholungszahl ermittelt. In der Regel wird diejenige Wiederholungszahl gewählt mit der auch im ersten Mesozyklus trainiert werden soll, um in den folgenden Trainingseinheiten eine angepasste Trainingsintensität ableiten zu können. Für Person A ist ein Mehrwiederholungskrafttest sinnvoll, da bisher ohne eine zielführende Trainingssystematik trainiert wurde und die Belastungen des Bewegungsapparates bei einem X-RM-Test wesentlich geringer sind als bei einem Maximalkrafttest (1-RM-Test). Daher wäre, aufgrund der Schmerzen im Bereich der Lendenwirbelsäule, ein Mehrwiederholungskraft sinnvoller. Es soll keine Überforderung oder Demotivation bei der Testperson ausgelöst werden.

1.2.1 Testablauf

Bevor Person A mit dem ersten Testsatz startet, sollte er sich ca. fünf Minuten allgemein auf einem Ergometer nach Wahl aufgewärmt werden. Danach folgt ein spezifischer Aufwärmsatz mit 50 % des Gewichts, welches im ersten Testsatz verwendet werden soll. Beispielsweise empfiehlt Zimmer (1999, S 46) 20 % des Körpergewichts bei Frauen und 30 % des Körpergewichts bei Männern als erstes Testgewicht am Latzug. Je nach subjektiven Belastungsempfinden der Testperson wird in den darauffolgenden Testsätzen die Gewichtsbelastung um 5 %, 10 % oder 20 % gesteigert. Es werden maximal drei Testsätze durchgeführt mit jeweils drei Minuten Pause zwischen den Sätzen, um die Energiespeicher wieder ausreichend zu füllen. Wenn in der letzten Wiederholung die Ausführung gerade noch technisch korrekt und konzentrisch ausgeübt werden kann, dann ist der Test abgeschlossen und das erreichte Gewicht wird als Resultat festgehalten.

Bei dem Mehrwiederholungskrafttest für den ersten Mesozyklus führte Person A die Übungen an den jeweiligen Geräten mit je 15 Wiederholungen durch.

1.2.2 Testergebnisse

Tabelle 4: Mehrwiederholungskrafttest (15 RM)

Übung	Wdh.	1. Testsatz	2. Testsatz	3. Testsatz	Resultat
Beinpresse (sitzend)	15	100	110	120	120
Kurzhantel-Schrägbank-drücken	15	60	65	70	70
Langhantel-Rudern vor-gebeugt	15	60	65	70	70
Langhantel-Ausfall-schritte	15	80	85	90	90
Latzug vertikal zur Brust (OG weit)	15	60	65	70	70
Rumpfflexionmaschine	15	25	30	35	40
Kurzhantel-Schulterdrü-cken	15	10	15	20	20

1.2.3 Schlussfolgerungen/Konsequenzen

Mithilfe des Grobrasters der ILB-Methode, welche auf dem Mehrwiederholungskrafttest basiert (vgl. Kapitel 3) hat man die Möglichkeit die Trainingsintensitäten anhand des Trainingsalters der Testperson für seine weitere Trainingsplanung abzuleiten. Durch das Grobraster erhält man optimale Intensitäten für die jeweiligen Trainingsziele.

Außerdem dient diese Art von Krafttest für einen intraindividuellen Leistungsvergleich bei einer konsequenten und exakten Standardisierung der Rahmenbedingungen, des Testablaufes und der Testmethodik.

Die Möglichkeit des interindividuellen Leistungsvergleiches lässt der Mehrwiederholungskrafttest, aufgrund von zu vielen Störgrößen und Einflussfaktoren, nicht zu.

2 Zielsetzung/Prognose

Im Eingangsgespräch wurde mit Person A auch über seine Trainingsmotive gesprochen. Gemeinsam hat man daraus, mit dem entsprechenden Inhalt, Ausmaß und Zeit, drei Ziele festgelegt (vgl. Tabelle 5).

Tabelle 5: Zielsetzung

Inhalt	Ausmaß	Zeit
Muskelaufbau, Hypertrophie	3 kg	6 Monate
Steigerung Kraftleistung	10%	6 Wochen (Dauer erster Mesozyklus)
Reduzierung Rückenschmerzen	Skala: von 7/10 auf 3/10	8 Wochen

Als Hauptziel wurde, aus ästhetischen Gründen die Zunahme von Muskelmasse definiert. Im ersten Trainingsjahr ist es realistisch ca. 5-8 kg, im zweiten ca. 3-6 kg und im dritten ca. 2-4 kg Muskelmasse aufzubauen. Aus diesem Grund soll innerhalb des Makrozyklus 3 kg Muskelmasse zusätzlich aufgebaut werden

Als weiteres Ziel soll sich die Kraftleistung, innerhalb von sechs Wochen, um 10 % steigern. Verglichen sollen die Werte mit den Ergebnissen der ersten Krafttestung. Zugleich dient es als Überprüfung, inwiefern der Körper der Testperson auf die neuen Reize reagiert.

Das letztes Ziel zielt auf die Reduzierung der Schmerzstärke sowie -häufigkeit im Bereich der Lendenwirbelsäule von Person A ab, welche oft nach langem Stehen oder Sitzen eintreten. Die Ursache dafür ist zwar nicht diagnostiziert, aber der Proband stuft die Schmerzen auf einer Skala von 1 (keine Schmerzen) bis 10 (sehr starke Schmerzen) bei 7 ein. Die Schmerzstärke soll sich nach den ersten acht Wochen auf die Stufe 3 reduzieren.

Sowohl der Muskelaufbau als auch die Steigerung der Kraftleistung sollen dazu beitragen. Person A ist zwar nicht mehr als Anfänger einzustufen, dennoch sollte weiterhin viel

Wert auf eine technisch korrekte Ausführung gelegt werden, um mögliche Fehlhaltungen zu vermeiden.

3 Trainingsplanung Makrozyklus

Der folgende Makrozyklus ist nach der Individuellen-Leistungsbild-Methode (kurz: ILB-Methode) aufgebaut. Nach Koch (2009) ist die ILB-Methode ein System, welches den Trainierenden jeder Leistungsstufe die Möglichkeit gibt, ihre Trainingseinheiten systematisch und angepasst aufzubauen. Für die Einstufung der Leistung und Intensität spielt das Trainingsalter, also wie lang der Trainierende schon Krafttraining ausübt, eine wichtige Rolle. Das Trainingsalter sowie alle Belastungsparameter können aus dem Grobraster der ILB-Methode herausgelesen werden (vgl. Tabelle 6). Die ILB-Methode ist eine Krafttrainingsmethode basierend auf dem Mehrwiederholungskrafttest und wurde aus trainingspraktischen Erfahrungen, speziell für den Fitness- und Gesundheitssport konzipiert (Strack, 1999). In der ersten Trainingsphase, der Orientierungsphase, wird rein durch das subjektive Belastungsempfinden trainiert. Das Training ist dadurch unspezifisch und zielt eher auf das motorische Lernen von neuen Bewegungsabläufen ab. Nach der Orientierungsphase wird ein X-RM-Test als Referenzgröße für die Berechnung der Trainingsintensitäten durchgeführt (Eifler, 2000, 2013; Zimmer, 1999). Die Wiederholungszahl pro Serie wurden bei Kraftausdauer mit 15-30 Wiederholungen, bei Hypertrophietraining mit 8-15 Wiederholungen und bei Maximalkrafttraining mit 5-8 Wiederholungen festgelegt. Vor jedem Mesozyklus müssen die Trainingsgewichte mithilfe eines Mehrwiederholungskrafttestes neu berechnet und angepasst werden. Im Vergleich zu einer klassischen Krafttrainingsmethode eignet sich die ILB-Methode besonders für den Fitness- und Gesundheitssport, da hier nicht das Ziel ist bis zur vollkommenen muskulären Ausbelastung zu trainieren.

Tabelle 6: Grobraster der ILB-Methode (modifiziert nach Koch, 2009)

Leistungs-stufe	Zeitstufe in Monaten	Trainings-system	Anzahl der Trainings-einheiten pro Woche	Übungen pro Mus-kelgruppe	Sätze pro Übungen	Intensität (in % ILB)
Orientie-rungsstufe	0 – 1,5	GK	2	1 – 2	1 – 2	Gering (kein ILB-Test)
Beginner	1,5 – 6	GK	2	1 – 2	1 – 2	50 – 70
Geübter	6 – 12	GK	2 – 3	1 – 2	2	60 – 80
Fortgeschrit-tener	> 12	GK/Split	3 – 4	1 – 3	2 – 3	70 – 90
Leistungstrai-nierender	> 36	GK/Split	3 – 6	1 – 4	2 - 4	80 – 100

3.1 Makrozyklusplanung

Tabelle 7: Makrozyklusplanung nach der ILB-Methode

	Mesozyklus 1	Mesozyklus 2	Mesozyklus 3	Mesozyklus 4
Zyklusdauer	6 Wochen	8 Wochen	8 Wochen	6 Wochen
Spezifisches Trainingsziel	Kraftausdauer-training	Muskelaufbau-training (extensiv)	Muskelaufbau-training (intensiv)	Maximalkrafttrai-ning (extensiv)
Anzahl Trainingseinheiten pro Woche	3	3	3	3
Organisationsform	GK/Circuit	GK/Station	GK/Station	GK/Station
Anzahl Übungen pro Muskelgruppe	1-2	1-2	1-2	1-2
Anzahl Sätze pro Übung	3	3	3	3
Satzpausen	30 Sek.	60 Sek	90 Sek.	120 Sek.
Wiederholungszahlen	15	12	8	5
Intensitäten	70-90% ILB	70-90% ILB	70-90% ILB	70-90% ILB
Bewegungstempo	2/0/2	2/0/2	2/0/2	2/0/2

3.2 Begründung zum Makrozyklus

Der Makrozyklus besteht aus vier Mesozyklen mit einer Dauer von jeweils sechs bis acht Wochen. Im ersten Mesozyklus wird mit einem umfangsorientierten Kraftausdauertraining begonnen, da die Person A gerade aus einem Muskelaufbautraining kommt. Außerdem dient es als Grundlage für nachfolgende höhere Intensitäten. Dabei sollen alle Facetten der motorischen Fähigkeit Kraft abgedeckt werden. Ein Kraftausdauertraining soll auch zur Verbesserung der Regenerationsfähigkeit dienen. Nach den ersten sechs Wochen Kraftausdauertraining folgt der zweite und dritte Mesozyklus mit einem intensitätsorientiertem Muskelaufbautraining. Sowohl bei dem extensiven als auch bei dem intensiven Hypertrophietraining wird auf den Aufbau von Muskelmasse und der Vergrößerung des Muskelquerschnittes abgezielt. Der Unterschied liegt lediglich in der Intensität und Wiederholungszahl. Die Intensität nimmt proportional zu und umgekehrt nimmt die Wiederholungszahl sukzessiv ab, um eine steigende Kraftleistung zu gewährleisten. Abschließend ist ein Zyklus von sechs Wochen mit Maximalkrafttraining eingeplant. Dabei sollen die intramuskuläre Koordination, die neuromuskuläre Ansteuerung und das Kraftniveau gesteigert werden. Aufgrund der spezifischen Trainingsmotive von Person A liegt der Schwerpunkt auf dem Muskelaufbautraining.

Die Belastungsparameter, wie Einheiten pro Woche, Übungen pro Muskelgruppe, Sätze pro Übung und die Intensität orientieren sich am Trainingsalter der Person und mithilfe des ILB-Grobrasters (vgl. Tabelle 6). Aufgrund des Grobrasters und der damit angepassten Intensität tritt bei dem Kunden keine Überforderung ein.

Als Organisationsform wurde das Ganzkörpertraining gewählt, da sich dieses für alle Leistungsstufen eignet. Innerhalb einer Trainingseinheit können alle Hauptmuskelgruppen berücksichtigt und abgedeckt werden. Außerdem eignet es sich für Sportler, die nur maximal zwei- bis dreimal in der Woche trainieren können. Im ersten Mesozyklus wird neben dem Ganzkörpertraining auch ein Circuittraining eingeplant. Dabei wird an jeder Übung nur ein Satz mit entsprechender Wiederholungszahl absolviert und dann wird zur nächsten Übung gewechselt. Bei einem Circuittraining, auch Kreis- oder Zirkeltraining genannt, sollten die einzelnen Muskelgruppen abwechselnd trainiert werden, um ein optimales Verhältnis zwischen Trainingsquantität und Trainingsqualität zu garantieren. Der schnelle Wechsel der Übungen und die damit verbundene kurze Satzpause von nur 30 Sekunden hat einen positiven Einfluss auf das Herz-Kreislauf-System. Für die Verbesserung der Kraftausdauer konnten Martin et al. (1993, S. 132) kurze Satzpausen von unter 60 Sekunden nachweisen.

Für die weiteren Mesozyklen wurde das Stationstraining gewählt. Jede Übung wird nacheinander mit der vorgegebenen Satz- und Wiederholungszahl durchgeführt. Erst dann erfolgt ein Gerätewechsel. Das Stationstraining hat den Vorteil, dass es zu einer stärkeren Muskelermüdung jeder Muskelgruppe kommt.

Für die Planung des Makrozyklus wurde als Periodisierungsmodell, die lineare Periodisierung gewählt. Diese wird auch Blockperiodisierung genannt. Das Modell ist durch progressiv ansteigende Intensitäten bei gleichzeitig regressiv abnehmenden Wiederholungszahlen gekennzeichnet. (Fröhlich, M., Müller, T., Schmidtbleicher, D. & Emrich, E., 2009). Außerdem hat Person A bis dato ohne eine zielführende Trainingssystematik trainiert, weshalb eine Blockperiodisierung sinnvoll wäre.

4 Trainingsplanung Mesozyklus

4.1 Mesozyklusplanung

Tabelle 8: Mesozyklusplanung

Mesozyklus 1			
Zyklusdauer	6 Wochen		
Trainingsziel	Kraftausdauertraining		
Trainingseinheiten pro Woche	3x pro Woche		
Organisationsform	Ganzkörpertraining/Zirkeltraining		
Übungen pro Muskelgruppe	1-2		
Wiederholungen	15		
Sätze pro Übung	3		
Satzpausen	30 Sek.		
Intensität	70-90% ILB		
Bewegungstempo	2/0/2		
	Intensität (% ILB)		
Übungen	Woche 1-2 70 %	Woche 3 4 80 %	Woche 5-6 90 %
Beinpresse (sitzend)	85	95	110
Kurzhantel-Schrägbankdrücken	50	55	65
Langhantel-Rudern vorgebeugt	50	55	65
Langhantel-Ausfallschritte	60	70	80
Latzug vertikal zur Brust (OG weit)	50	55	65
Rumpfflexionsmaschine (sitzend)	30	35	40
Kurzhantel-Schulterdrücken	15	20	25

4.2 Begründung zum Mesozyklus

Im ersten Mesozyklus, mit einer Dauer von sechs Wochen, trainiert Person A mit dem Ziel der Kraftausdauer dreimal pro Woche. Das Ganzkörpertraining wird in Form eines Zirkeltrainings mit ein bis zwei Übungen pro Muskelgruppe, mit je 15 Wiederholungen und einer Intensität von 70-90 % absolviert. Die Intensität mit den jeweiligen Gewichts-abstufungen steigern sich alle zwei Mikrozyklen um 10 %. Dies dient zur Anpassung der Kraftleistung und damit immer ein optimaler überschwelliger Reiz ausgelöst wird. Für die Satzanzahl werden drei pro Übung geplant, dass bedeutet es finden insgesamt drei Durchläufe statt. Das Bewegungstempo wird für jede Übung mit zwei Sekunden exzent-rischer Bewegung, null Sekunden isometrischer Spannung und zwei Sekunden konzent-rischer Bewegung festgelegt, um eine Einheitlichkeit und technisch korrekte Ausführung absichern zu können. Die Satzpausen von 30 Sekunden dienen im Zirkeltraining vor al-lem für den Gerätewechsel. Aufgrund der Einstufung als „Fortgeschrittener" sind die Freihantelübungen anteilig höher als die Übungen an den Krafttrainingsmaschinen. Bei den Übungen mit freien Gewichten sind zwar Konzentration und Kontrolle erforderlich, hat jedoch den Vorteil der uneingeschränkten Bewegungsamplitude und die erlernten Be-wegungsmuster können in den Alltag übernommen werden (Fiedler, 2018). Zudem wird die Kraftentwicklung hinsichtlich Stabilisierung und Gleichgewicht geschult.

Nach einer allgemeinen und speziellen Erwärmung beginnt das Training mit der Bein-presse im Sitzen. Dabei wird die Muskulatur der Oberschenkelvorderseite (M. quadriceps femoris), die Oberschenkelrückseite (M. biceps fermoris, caput longum; M. semitendino-sus; M. semimembranosus) und die Gesäßmuskulatur (M. glutaeus maximus) trainiert. Die Übung sorgt für eine Kräftigung der Knie- und Hüftstreckermuskulatur. Bei der Bein-presse werden die meisten Muskelfasern angesprochen und zählt daher zur intensivsten und effektivsten Beinübung (Boeckh-Behrens & Buskies, 2007, S. 261).

Bei der nächsten Übung „Kurzhantel-Schrägbankdrücken" ist der große Brustmuskel (M. pectoralis major), der vordere Anteil des Deltamuskels (M. deltoideus pars clavicularis) und der dreiköpfige Oberarmmuskel (M. triceps brachii) beteiligt und sorgt für eine Kräf-tigung der Brustmuskulatur.

Zur Stabilisation wird nach dem Bankdrücken nun die Gegenmuskulatur beim „Langhan-tel-Rudern vorgebeugt" trainiert. Dabei werden die Rückenmuskeln M. latissimus dorsi, M. teres major, M. trapezius pars transversa, Mm erector spinae sowie der hintere Anteil des Deltamuskels (M. deltoideus pars spinata) und die Oberarmmuskeln M. biceps brachii, M. brachialis, M. brachioradialis beansprucht. Eine Stärkung der Rückenmusku-latur sorgt vor allem für eine aufrechte und verbesserte Haltung, beispielsweise als Aus-gleich für langes Schreibtischarbeiten.

Damit das Zirkeltraining abwechslungsreich bleibt, folgt nun die Übung „Langhantel-Ausfallschritte". Bei den Ausfallschritten sind die Oberschenkelvorderseite und -rück-seite und der große Gesäßmuskel beteiligt. Ebenso wie bei der Beinpresse dient die Übung zur Kräftigung der Beinmuskulatur. Sowohl bei der Beinpresse als auch bei den Ausfallschritten wird der Gesäßmuskel aktiviert. Muskulär betrachtet gehört das Gesäß zum Rücken dazu, da Rücken- und Gesäßmuskeln fließend ineinander über gehen. Man spricht dabei von einer Muskelverkettung und „nur wenn jegliche Einzelteile der Mus-kelkette (also auch der Gesäßmuskel) gestärkt sind und optimal miteinander arbeiten, ist der Rücken derart kräftig, dass er die Wirbelsäule trägt und entlastet" (Weiß, 2010, S. 21).

Die Testperson belastet beim Latzug, welcher vertikal zur Brust geführt wird, die Rü-ckenmuskeln M. latissimus dorsi, M. teres major, M. trapezius pars ascendens, die Ober-armmuskeln M. biceps brachii, M. brachialis, M. brachioradialis, sowie den hinteren An-teil des Deltamuskels. Die Übung zielt auf eine Stärkung der Rücken-, Schulter- und Armbeugermuskulatur ab.

Für eine kräftige Rückenmuskulatur und die damit verbundene Linderung der Schmerzen im Bereich der Lendenwirbelsäule muss auch der muskuläre Gegenspieler, die Bauch-muskulatur trainiert werden. Erst durch das Zusammenspiel beider Muskelgruppen kann eine gerade Haltung garantiert werden (Weiß, 2010, S. 22). Daher folgt nun eine Rumpf-flexion an der Maschine. Bei dieser Übung wird nicht nur der gerade Bauchmuskel (M. rectus abdominis), sondern auch die schrägen Bauchmuskeln (M. obliquus externus ab-dominis, M. obliquus internes abdominis), die querverlaufenden Bauchmuskeln (M. transversus abdominis) und der Lendendarmbeinmuskel (M. iliopsoas) beansprucht.

Für die letzte Übung wird Schulterdrücken mit der Kurzhantel eingeplant. Diese ist für die Kräftigung der Schultermuskulatur von Vorteil. Die Testperson belastet dabei M.tra-pezius pars descendens, M. levator scapulae, M.deltoideus pars clavicularis, M.deltoideus pars acromialis und M.triceps brachii.

Die aufgeführten Übungen wurden aufgrund der Trainingsmotive, Trainingsalter und der Belastbarkeit bestimmt. Besonders die Stärkung der Rückenmuskulatur stand im Fokus, um die Schmerzen im Lendenwirbelsäulenbereich zu reduzieren. Zudem werden bei den meisten Übungen mehrere Gelenke angesprochen, wie zum Beispiel bei der Beinpresse. Bei mehrgelenkigen Übungen wird nicht nur die Kraftleistung, Beweglichkeit und die intermuskuläre Koordination verbessert, sondern es ist auch sehr funktionell und gelenk-schonend (Hois & Ziegner, 2006). Im Vergleich zu eingelenkigen Übungen können bei mehrgelenkigen Übungen keine Muskelgruppen isoliert trainiert werden. Jedoch sind es alltagsnahe Bewegungen und es treten keine Scher- und Schubkräfte auf.

5 Literaturrecherche – „Effekte des Krafttrainings bei Osteoporose"

5.1 Studie 1

Tabelle 9: Studie 1

Autor	Umsetzung moderner trainingswissenschaftlicher Erkenntnisse in ein knochen-anaboles Training für früh-postmenopausale Frauen. Die Erlanger Fitness Oste-oporose Präventions Studie (EFOPS)
Autor	W. Kemmler, S. von Stengel, C. Beeskow, R. Pintag, D. Lauber, J. Weineck, J. Hensen, W. Kalender, K. Engelke
Erschei-nungsjahr	2004
Forschungs-frage	Welchen Einfluss hat optimierte körperliche Belastung auf Knochenparameter bei früh-postmenopausalen Frauen mit Osteopenie?

Probanden	137 früh-postmenopausale Frauen wurden rekrutiert
	• 1-8 Jahre postmenopausal
	• Alter:
	   o Gruppe 1: 55.2 ± 3,3
	   o Gruppe 2: 55,8 ± 3,1
	• Ausschlusskriterien: sekundäre Osteoporose, bekannte osteoporotische Frak-turen, Medikamente/Erkrankungen mit Wirkung auf Knochenmetabolismus, entzündliche oder Herz-Kreislauf-Erkrankungen, geringe körperliche Leis-tungsfähigkeit, leistungssportliche Betätigung
	104 Frauen nahmen an 3-Jahresmessungen teil, 78 wurden in die Analyse einge-schlossen
	• 48 von 86 aus der Trainingsgruppe
	• 30 von 51 aus der Kontrollgruppe

Versuchsauf-bau	Zeitraum: 3 Jahre • 1500 mg/Tag Kalzium und 500 IE/Tag Vit-D-Versorgung für alle Teilnehme-rinnen 1. Trainingsgruppe: • Zwei gemeinsame Trainingseinheiten (je 60-70 Minuten) pro Woche, Auf-wärmphase mit Laufspielen und Aerobic, nach sechs Monaten Beginn einer

	Sprungsequenz: Seilspringen nur während der ersten zwei Monate und multidirektionale Sprünge, Kraft- und Beweglichkeitssequenz: Kraftübungen mit axialer Belastung, Muskelzubelastungen
	• Zwei Heimattrainingseinheiten (je 25 min) pro Woche, nach sechs Monaten Seilspringen, isometrisches Maximalkrafttraining, dynamisches Maximalkrafttraining mit elastischen Bändern
	• Neunmonatige Vorbereitungsphase, dann Periodisierung der Trainingseinheiten
	2. Kontrollgruppe:
	• Einnahme von Kalzium und Vitamin D
Ergebnisse	• Drop-Out Rate war relativ niedrig, Trainingsgruppe 21 % und Kontrollgruppe 29 %
	• Anwesenheitsrate dennoch relativ hoch mit 70 %
	• Abnahme Trainingshäufigkeit vor allem im ersten Jahr, im Jahr zwei und drei keine weiteren Unterschiede
	• Schmerzintensität und -häufigkeit verringert sich innerhalb der Trainingsgruppe signifikant im Bereich BWS und LWS, an großen Gelenken (Knie-, Hüft-, Schulter-, Sprunggelenk) und kleinen Gelenken (Finger- und Zehengelenke) keine essenziellen Änderungen
	• Kontrollgruppe tendiert zu mehr Schmerzen
	• Knochendichte bei LWS und proximalen Femur stabil oder ansteigend bei Trainingsgruppe, bei Kontrollgruppe signifikante Reduktion, Knochendichte am Unterarm bei beiden Gruppen reduziert
Schlussfolgerungen	• Primäres Ziel der Reduktion des Knochenabbaus konnte erreicht werden
	• Positive Effekte bei früh- und spät-postmenopausalen Frauen auf die Knochendichte und andere mit einem Östrogenmangel verbundene Risikofaktoren
	• Durch ein körperliches Training in Verbindung mit Kalzium- und Vitamin D-Versorgung kann der frühpostmenopausale Knochenverlust bei osteopenischen Frauen gestoppt werden
	• Bei alleiniger Gabe von Kalzium und Vitamin D ist dies nicht der Fall
	• Interventionsmaßnahme kann als effektiv, sicher und attraktiv eingeschätzt werden
	• Kann mit einfachen Mitteln durchgeführt werden

5.2 Studie 2

Tabelle 10: Studie 2

Titel	**Krafttraining an konventionellen bzw. oszillierenden Geräten und Wirbelsäulengymnastik in der Prävention der Osteoporose bei postmenopausalen Frauen**
Autor	M. Siegrist, C. Lammel, D. Jeschke (deutsche Zeitschrift für Sportmedizin)
Erscheinungsjahr	2006
Forschungsfrage	Führt bei postmenopausalen Frauen mit Osteopenie ein progressives Krafttraining mit oszillierenden Geräten, wie ein konventionelles apparatives Krafttraining, mit Wirbelsäulengymnastik als Kontrollintervention zu vergleichbaren Veränderungen an Knochenparametern der Lendenwirbelsäule und des Oberschenkelhalses?

Probanden	100 postmenopausale Frauen wurden rekrutiert
	
	• Alter: 50 bis 70 Jahre
	    ○ Gruppe 1: 61,4 ± 4,7
	    ○ Gruppe 2: 60,6 ± 4,8
	    ○ Gruppe 3: 59,4 ± 4,1
	• Vorliegen der Menopause
	• BMI zwischen 18 und 30 kg/m^2
	• Flächenbezogene Knochendichte an der Lendenwirbelsäule und am Oberschenkelhals zwischen -1 und -2,5 Standardabweichung
	• Ausschlusskriterien: Erkrankungen und Medikamente mit Einfluss auf Knochenstoffwechsel oder Trainierbarkeit
	
	69 Frauen wurden aufgenommen

Versuchsaufbau	Zeitraum: 12 Monate Vorbereitung: • Anamnese und klinische Untersuchung, Fahrradergometrie, Osteodensitometrie, Kraftmessungen, Befindlichkeitsmessungen, Erfassung Alltags- und Sportaktivitäten Trainingsgruppen (Einteilung per Los) 1. Wirbelsäulengymnastik (WS): alle Probandinnen, 2x pro Woche, 45 Minuten angeleitete Wirbelsäulengymnastik, Orientierung der Intensität an Alltagsreizen, Schwerpunkte waren rumpfstabilisierende Übungen 2. Konventionelles Krafttraining (KT): 26 Frauen, ergänzend zur WS, 2x pro Woche, 4-6 Wochen Eingewöhnungstraining, dann Muskelaufbautraining mit 60-80 % des 1RM, 9 Übungen, jeweils ein Satz pro Übung, etwa 30 Minuten mehr Zeitaufwand 3. Oszillierendes Training (VT): 23 Frauen, ergänzend zum WS, 2x pro Woche, 20-25 Kniebeugen mit Gewichtsweste auf einer Vibrationsplattform, zusätzlich Bizepscurls mit Nackendrücken mit einer oszillierenden Hantel, ein Satz mit maximal 8-12 Wiederholungen, etwa 10 Minuten mehr Zeitaufwand
Ergebnisse	• Keine signifikanten Veränderungen/Unterschiede an der Lendenwirbelsäule • KT führt zu einer Vergrößerung der Knochenfläche am Oberschenkelhals (+1,3), welche sich deutlich von WS unterschied

	• Verbesserung der maximalen dynamischen Kraft durch Krafttrainingsformen: Beinstrecker KT +50 %, VT +53,7 %, WS +21,9 %, Armbeuger VT +16,7 %
	• Zunahme relative maximale Leistung bei der Fahrradergometrie: durch KT um +8 % und WS um +6 %, bei VT keine signifikante Änderung
	• Positive Veränderung des Wohlbefindens und der Schmerzen zeigte sich besonders durch WS
Schlussfolge-rungen	Wirbelsäulengymnastik: • Kann Wohlbefinden und Kraft deutlich verbessern • Positiver Einfluss auf Lebensqualität • Reduzierung des Sturzrisikos Oszillierendes Training: • Verbesserung der Muskelkraft unter Zuhilfenahme von Zusatzgewichten • Stellenwert in der Osteoporose Prävention muss weiter untersucht werden Konventionelles Krafttraining: • Deutlicher Kraftgewinn • Verbesserung der Knochengeometrie • Als präventives Osteoporose-Training gut geeignet

6 Literaturverzeichnis

Boeckh-Behrens, W.-U. & Buskies, W. (2007). *Fitness-Krafttraining, Die besten Übungen und Methoden für Sport und Gesundheit.* 11. Auflage. Reinbeck bei Hamburg: Rowohlt.

Eifler, C. (2000). *Krafttraining nach der ILB-Methode – Eine empirische Überprüfung der Trainingseffekte bei Anfängern und Fortgeschrittenen.* Unveröffentlichte Diplomarbeit. Universität des Saarlandes, Saarbrücken.

Eifler, C. (2013). *Empirische Überprüfung der Effekte verschiedener Ansätze zur Intensitätssteuerung im fitnessorientierten Krafttraining.* Dissertation. Universität des Saarlandes, Saarbrücken.

Fiedler, M. (2018). *Freie Gewichte oder Maschinen – was ist besser?* Zugriff am 08.09.2022. Verfügbar unter https://martin-fiedler.at/freie-gewichte-oder-maschinen_was-ist-besser/

Fröhlich, M., Müller, T., Schmidtbleicher, D & Emrich, E. (2009). Outcome-Effekte verschiedener Periodisierungsmodelle im Krafttraining. *Deutsche Zeitschrift für Sportmedizin*, 60 (10), 307-314.

Hois, G., Ziegner, A. (2006). *Grundlagen des mehrgelenkigen Trainings in Theorie und Praxis.* Bewegungstherapie und Gesundheitssport, Stuttgart: Thieme, 22, 18-25.

Kemmler, W., von Stengel, S., Beeskow, C., Pintag, D., Lauber, J., Weineck, J. Et al. (2004). *Umsetzung moderner trainingswissenschaftlicher Erkenntnisse in ein knochenanaboles Training für früh-postmenopausale Frauen. Die Erlanger Fitness Osteoporose Präventions-Studie (EFOPS).* Zugriff am 03.09.2022. Verfügbar unter https://www.researchgate.net/publication/246491693_Umsetzung_moderner_trainingswissenschaftlicher_Erkenntnisse_in_ein_knochenanaboles_Training_fur_fruhpostmenopausale_Frauen_Die_Erlanger_Fitness_Osteoporose_Praventions_Studie_EFOPS

Koch, T. (2009). *Für langfristige Trainingsgestaltung – Die ILB-Methode.* Zugriff am 06.09.2022. Verfügbar unter https://www.team-andro.com/die-ilb-methode.html

Mancia, G., Fagard, R., Narkiewicz, K., Redon, J., Zanchetti, A., Böhm, M. et al. (2013). 2013 ESH/ESC Guidelines for the management of arterial hypertension: The Task Force for the management of arterial hypertension of the European Society of Hypertension (ESH) and of the European Society of Cardiology (ESC). *European Heart Journal*, 34, 2159-2219.

Marschall, F. & Fröhlich, M. (1999). Überprüfung des Zusammenhangs von Maximal-kraft und maximaler Wiederholungszahl bei deduzierten submaximalen Intensitäten. *Deutsche Zeitschrift für Sportmedizin*, 50 (10), 311-314.

Martin, D., Carl, K. & Lehnertz, K. (1993). *Handbuch Trainingslehre* (2. Aufl.). Schorndorf: Hofmann.

Siegrist, M., Lammel, C., Jeschke, D., (2006). *Krafttraining an konventionellen bzw. os-zillierenden Geräten und Wirbelsäulengymnastik in der Prävention der Osteoporose bei postmenopausalen Frauen. Deutsche Zeitschrift für Sportmedizin.* Zugriff am 03.09.2022. Verfügbar unter https://www.germanjournalsportsmedicine.com/filead-min/content/archiv2006/heft07_08/182-188.pdf

Strack, A. (1999). Methodik des modernen Krafttrainings im Fitness- und Gesund-heitssport. *Zeitschrift Trainer*, 3, 11-14.

Weiß, Dr. med. J. (2010). *Rückentraining – Die Wirbelsäule gezielt stärken.* München: Compact Verlag GmbH.

World Health Organization (Hrsg.) (2000). *Obesity: Preventing and Managing the Global Epidemic – Report of a WHO Consulation.* Geneva: Hrsg.

Zimmer, M. (1999). *Entwicklung und Erprobung eines Mehrwiederholungstests zur Er-fassung der Kraftleistung im Fitness-Training.* Unveröffentlichte Diplomarbeit. Uni-versität des Saarlandes, Saarbrücken.

7 Tabellenverzeichnis

7.1 Tabellenverzeichnis